D1926455

CHV

BAND 12 DER EDITION LYRIK KABINETT

Herausgegeben von Ursula Haeusgen,
Michael Krüger und Raoul Schrott

Bei Dao

DAS BUCH DER NIEDERLAGE

Gedichte

Aus dem Chinesischen und mit einer
Nachbemerkung von Wolfgang Kubin

Carl Hanser Verlag

AUS DEN MANUSKRIPTEN (2002 – 2008)

Eine schwarze Karte

Zu guter Letzt setzen Dohlen
die Nacht zusammen: eine schwarze Karte
Ich bin zurück – Heimreisen
sind immer länger als Irrwege
länger als ein Leben

Ich komme mit dem Herzen des Winters
Wenn Quellwasser und Honigpillen
zum Diskurs der Nächte werden
Wenn Erinnerungen jaulen
suchen Regenbögen Schwarzmärkte auf

Vaters Lebensflamme kommt der Bohne gleich
Ich bin sein Echo
Wie verabredet biege ich um die Ecken
ein Liebhaber aus alten Tagen, verborgen im Wind
und wirbelnd mit den Briefen

Peking, laß mich
anstoßen mit deinen Laternen
laß mein weißes Haar den Weg weisen
durch die schwarze Karte
ganz so wie ein Orkan, der dich fliegen heißt

Ich stelle mich an, stelle mich an, bis der Schalter
schließt: Ja, lichter Mond
Ich bin zurück – ein Wiedersehen
ist immer weniger als ein Abschied
weniger als einmal

In Ramallah

In Ramallah
spielen die Alten am Sternenhimmel Schach
Ihre letzten Züge sind mal hell, mal dunkel
Ein Vogel springt aus dem Uhrengehäuse
und kündet die Stunde

In Ramallah
steigt die Sonne den Alten gleich über die Mauern
Sie durchstreift die Flohmärkte
und erhellt sich selbst
auf rostigen Kupfertellern

In Ramallah
trinken die Götter Wasser aus Tonkrügen
Bögen befragen einzelne Saiten nach dem Weg
Ein Knabe geht zum Horizont
das Meer zu beerben

In Ramallah
sät mittags der Tod
Vor meinem Fenster beginnt es zu blühen
Die Bäume trotzen dem Wirbelsturm
der ursprünglichen Form alles Ungestümen

Die Rose der Zeit

Wenn die Wächter tief schlafen
machst du kehrt und mit dir der Orkan
Was die Umarmung flieht, ist
die Rose der Zeit

Wenn der Weg der Vögel den Himmel bestimmt
schaust du zur Abendsonne zurück
Was schwindend erscheint, ist
die Rose der Zeit

Wenn Messer sich im Wasser krümmen
überquerst du auf Flötentönen Brücke um Brücke
Was verborgen klagt, ist
die Rose der Zeit

Wenn Stifte Horizonte malen
wirst du vom Gong im Osten geweckt
Was widerhallend sich öffnet, ist
die Rose der Zeit

Einem Spiegel bleibt ewig dieser Moment
der Moment auf dem Weg zum Tor der Wiedergeburt
Dieses Tor öffnet sich dem Meer
der Rose der Zeit

Ein Lied von unterwegs

Im Vergessen zwischen Baum und Baum
da ist der poetische Angriff von Hunden
Am Ende der Reise ohne Grund
dreht die Nacht alle goldenen Schlüssel
Keine Tür öffnet sich dir

Woran eine Lampe sich hält, ist
das alte Gesetz des Winters
Ich gehe direkt auf dich zu
Du öffnest die Fächer der Geschichte
Verschlossen ist das Lied der Einsamkeit

Die Abendglocke befragt dich sorglos
Ein zweifaches Echo antwortet für dich
Die dunkle Nacht zieht flußaufwärts
Baumwurzeln geben insgeheim Strom
Dein Obstgarten wird licht

Ich gehe direkt auf dich zu
führe alle fremden Wege an
Wenn die Flamme den großen Schnee anprobiert
versiegelt der Sonnenuntergang das Reich
Das Buch der Erde schlägt ihn auf, diesen einen Moment

Für Vater

In der kalten Februarfrühe
eignet den Eichen letztlich das Maß der Trauer
Vater, vor deinem Bild
hütet allfälliger Wind die Ruhe des runden Tisches

Von der Kindheit her betrachtet
war, was ich sah, stets dein Rücken
Du hütetest schwarze Wolken und Schafe
längs des Weges, der zu den Monarchen führte

Schlagfertige Winde tragen Fluten herbei
Die Logik der Gassen geht tief ins Herz
Du rufst mich deinen Sohn
Selbst Vater, folge ich dir

Das Geschick, das in Handflächen rinnt
treibt die Gestirne in ihrer Umgebung voran
Unter männlich einsamem Leuchter
verdoppeln alle Dinge ihre Schatten

Uhrzeiger sind Brüder im Kampf, spitze Winkel
bilden sie, zwei wird zu eins
Donner trollt sich krank ins Hospital der Nacht
hämmert laut an euer Tor

Der lichte Morgen betritt wie ein Clown die Bühne
Flammen wechseln das Bettlaken für dich
Wo die Uhren stehenbleiben
saust das Wurfeisen der Zeit vorbei

Geschwind auf den Todeswagen
Ein Pfad für den Frühlingsdieb
Er fahndet nach den Schätzen in den Bergen
Flüsse umkreisen die Trauer der Lieder

An den Wänden verstecken sich Poster
Die Welt hat sich nicht geändert:
Frauen machen kehrt und gehen in die Nacht
Aus dem Morgen treten Männer hervor

Ein heiterer Himmel

Das Pferd der Nacht galoppiert über die Straßenlaternen dahin
In allen Landen herrscht Klage
Ich sitze an der Kehre des Jahrhunderts
Eine Tasse Kaffee: auf dem Sportplatz
findet ein Fußballspiel statt
Die Zuschauer springen auf und werden zu Raben

Ja, das Gerücht von der Niederlage
gleicht der Sonne am Morgen

Mit dem Älterwerden ist es wie mit dem Emporsteigen
Es führt mich ein Stockwerk höher
In den Wolken rühren die Heiligen die Trommel
Fischerboote schneiden den Ozean entzwei
Bitte, diesen Moment zu falten, immer dem Horizont nach
damit der Mais, damit das Gestirn eines sind

Gottes enttäuschte Arme
drehen sich auf dem Zifferblatt

Das Allererste

Tag und Nacht nehmen Abschied im Wipfel hoher Bäume
Flügel holen die letzten Strahlen ein
In den Wellen mit ihrem versteckten Frühling gehen die Schiffe
Der Tod dreht am inneren Kompaß

Die Erinnerung ist ein Despot, sie hält sich
an keinen Zeitrahmen, sie schlägt die Glocke – Heimweh
Der Polizei auf der Suche nach dem Sturm
wird schwindelig bei der Identifizierung von Fingerabdrücken des Lichts

Am Teich erholt sich der Himmel von seiner Verletzung
Sterne reservieren Plätze für die Nachtvorstellung
Eine Waise führt blinde Gesänge an
Sie heißt am Paß den Mond willkommen

Das Allererste hat keinen Namen
Flüsse gleichen Fahrpläne an
Es öffnet die Sonne ihren blendenden Schirm
um dem Fremden das Abschiedsgeleit zu geben

Ein Kollege

Das Buch ist schwer, es sinkt wie ein Anker
tief in die Deutung von Überlebenden
Dein Gesicht gleicht einer Uhr an fernem Gestade
Ein Gespräch ist unmöglich
Worte treiben eine Nacht lang übers Meer
Am Morgen fliegen sie plötzlich auf und davon

Gelächter fällt in leere Schalen
Am Eisenhaken der Metzger dreht sich die Sonne
Der erste Bus fährt
zur Post am Ende der Felder
Ja, der König des Abschieds
inmitten dieser grünen Variationen

Der Blitz, Bote des Sturms
verirrt sich fern den Tagen der Blüte
Ich folge dir auf Schritt und Tritt
vom Hörsaal bis zum Sportplatz
Unter ausschlagenden Pappeln
schrumpfend geht ein jeder seiner Wege

Eine Übergangsperiode

Wer aus der Tiefe des Ozeans zurückkehrt
bringt den Code vom Sonnenaufgang mit
Hundert mal tausend Pferde, blaugefärbte Stille

Glocken sind das taube Ohr der Zeit
Ihr Dröhnen kehrt das Wochenbett um
Elektrische Schatten stehen auf

Der schmale Strom, vom Himmel kommend
gleitet durch den Dattelhain, eines Händlers erste Liebe
Das Abendrot erlischt da gerade in seinem Gesicht

Überall prägen sich der dunklen Nacht chinesische Zeichen ein
Auf dem Bildschirm schnappen die Krokodile des Kongo
nach der Blase von Träumenden

Stäbchen liegen auf den vollen Bögen der Eßschalen
und der Koch entfernt mit einem Schnitt
den Morgen aus dem Gehirn eines Hahns

Eine grüne Lampe

Für Fred Wakeman

Der abnehmende Mond im alten Land
sinkt in einen tiefen Teich
schwer wie die Steine dort
Du mauerst Worte in Geschichte ein
damit der Flußlauf eine Wende nimmt

Blumen, viele Male erblüht
betreiben den Aufstieg und Fall von Dynastien
Eine Krähe, das ist ein Trommelschlag
Herrscher spinnen Fäden wie die Raupen
Sie weben lange Rollen für dich

Schönheiten soviel als Wolken
begleiten die innere Fahrt
Eine grüne Lampe eröffnet dem Traum einen Winkel
Du rollst leichter Hand die Flammen auf
Sie werden unter weitem Himmel zum großen Schnee

Mit einem Becher trittst du vor den Wind
Du wirst älter, zusammen mit China
Korridore führen durch Frühling und Herbst
Der Fremde am Tor
läßt nun laut den Türring fallen

Salz

Auf das Foto »Salzfelder«
von Lang Jingshan (Chin-San Long)

Nachtschwarze Kohle auf dem Negativ
wird allen zum täglichen Salz
Ein Vogel gewinnt neue Höhe:
All das Flickwerk der Dächer
macht die große Erde perfekter noch

Dunst, höher als die Bäume
entsteigt nun der Erinnerung der Wurzeln
in Nachahmung des großen Schnees
Die Zeit offenbart ihr Übermaß
Aus den blinden Brunnen der Schreie
quillt die Klage des Morgens

Brüchigen Zäunen entlang
stürzt der Wind trunken am Wegesrand
Die Glocke, die durch dichten Nebel irrt
macht dem Papier Herzschlagen

Reisetagebuch

Bevor der Zug den Wald erreicht
schlafe ich ein
wie ein Feuerlöscher zu keinem Nutz

Die Baustelle, von Lampen erleuchtet:
Eingeweide, operativ bloßgelegt
Jemand schmiedet Eisen, daß es klingt
Welch schwacher Herzschlag!

Die Brücke tut einen Satz
und bringt der Stadt von morgen
die Nachricht Tendenz dunkel

Vorwärts! Hinein ins Morgen
in den Sprachfehler der Kinder
Ich strecke den Kopf zum Fenster hinaus
Wie ein Autor, der aus seinem Bestseller
ins Weite späht

Ist so ein gutes Wetter
Die fetten Wolkenfinger
folgen der Sehne der Gleise bis zuletzt
An den Wänden dämmert es

Meine letzte Kippe
leuchtet im langen Tunnel

Salut

Für Gennadij Ajgi

Details im Scherenschnitt des großen Schnees
Städte am tiefen Ort des Flammenscheins –
Sterne umkreisend, die nach Träumern fischen
eilt das Schiff der Biegung entgegen
Du hältst mit Worten seinen Innenraum tief

Die Lieder von Mutter gehen in alle Winde

Der Orkan in der Wasserflasche schreit spitz auf –
Haus und Hof verlassen gerade den Bahnsteig
Sie öffnen dein Fenster
Da tragen sie vergangene Tage herbei
So wie die Wildgans nach Süden fliegt

Die Fluren, dein Schmerz

Du stellst dich an für Petroleum
springst mit anderen in die Finsternis
Das Zeitalter dank Kehllaut ruft:
Vielleicht ist es ein Schicksal, vielleicht ist es
die Einsamkeit von Trompeten

Ja, es ist der Moment des Lauten, des Hellen

Die russische Mutter
ist die lange Nacht, die unter deinem Stift dahineilt
der große Schnee, der Gräber bedeckt
Die Wälder, die aufs Fällen warten
sind von der Schwermut der Äxte

In der Geschichte lesen

Der feindliche Tau im Aufruhr der Pflaumenblüte
hütet die Finsternis, vom Schwert des Mittags geschlagen
Die Revolution beginnt am nächsten Morgen
Der Unmut der Witwen zieht wolfsrudelgleich über gefrorene
    Fluren

Dank Prophezeiung treten die Ahnen zurück in
den Fluß ohne Ende, da Glaube und Begehr sich streiten,
nur die Eremiten der Strudel
erfahren eine andere Art mystischer Stille

Zur Höhe hinauf sehen sie die Sonne auf einem Thron untergehen
wenn Fortschritt und Flöte in leeren Tälern zerstieben
Die Jahreszeiten stehen auf in den Ruinen
Ihre Früchte gehen über die Mauern zur Jagd auf den nächsten Tag

Mutter

Für Di Yunxia

Damals warst du noch jung
Auf den Wegen begleiteten dich Möwen
Die Pflaume nahm sich Blut, der Ostwind borgte sich Tränen
Sie weckten so viele Nöte
Morgenlieder, Abendtrommeln, Stimmen, so mählich

Dein Haar ist weiß nun
Adler und Dämmer ringen umeinander
Auf der Höhe an einem Geländer, helle Spiegel, Abendlieder
Die Näharbeit zur Hand weist den Weg
Frühlingsfluren kehren heim

Heute abend ist schwer schlafen
Vergangenes treibt zum Ufer
Lichter trunken, der Gezeitenstrom, Vorhänge rollen Glockenklänge auf
Freunde, wehmütig wie junge Weiden,
wünschen dem Horizont Wohlbefinden

Ein Blick zurück, schon ist der Himmel alt
Ein abnehmender Mond prägt ringsum die Lande
Freundliche Zeichen, einsam gestern und heute
Unter Menschen ist am ehesten ein Ort der Liebe
Heimkehr, Regengewölk, Herdrauch

Durch den Winter

Erwacht: Kiefernwälder des Nordens –
So dringlich die Trommeln der Lande
Der Sonnenschnaps in den Baumstämmen
Das aufgebrachte Eis der Finsternis
Doch das Herz und ein Wolfsrudel, sie heulen einander an

Was der Wind raubt, ist ein Wind
Die Schulden des Winters dank Schnee
sind größer noch als seine Metaphorik
Heimweh wie der Herrscher eines verlorenen Reiches
Was sich suchen läßt, ist stets ein Weg in die Irre

Für die Lebenden geht der Ozean traurig verloren
Sterne erhellen im Wechsel die Liebe –
Wer ist der Zeuge des Panoramas
der den Hals reckt nach dem Strom von Signalhörnern
Ein Aufruhr im Obstgarten

Schon gehört? Meine Liebe
läßt uns Arm in Arm alt werden
zusammen mit den Worten Winterschlaf halten
Die neugeordnete Zeit hinterläßt unlösbare Knoten
oder unvollendete Gedichte

Die Sage vom Blitz

Ich rase den wogenden Weizen entlang
ein Neuling in altem Traum
ein Hüter in ländlichem Reich

Die Autobahn schließt den Himmel auf
Ein Rad sucht
ein andres zum Zeugen
Die Zeit, auf dem Reißbrett geschichtet,
rollt und speit Flammen

Ich rase den wogenden Weizen entlang, der trunkene
Mond steigt und sinkt dem Vergangenen nach
Die Nacht ist ein geschlossenes Buch

Im Buch ist fernes Donnerrollen
Ein Blitz durchzuckt die Sage
Am Ende ist die Herrin erwacht
Der Spiegel im Schlafzimmer wird licht
– Ein Tiger macht kehrt

ETWAS ÖFFNET SICH (1999)

Ohne besonderes Thema

Die Wunde reibend erblicke ich einen glanzvollen Moment
Jene abschreckende Axt weckt das Meer, das streikt
Viele Schlüssel sind in dieselbe Nacht gesteckt
Ach, das Lampenlicht

Wie ist doch die Zeit, entblößt auf Erden, so still
wie ein Dach, das Hochwasser teilt
Das Klima, sich ändernd im Geschick der Vögel
bestätigt ein Wind, der den Fingerabdruck des Mondes sondert

Einen Stein werfen und nach dem Weg fragen, das Buch zehnfach
real
hindert nun den Ruf nach dem Zeugen
Alle Zweifel weisen Richtung Liebe,
wenn ein Freund, der stirbt, sein Lächeln zeigt

Fehler

Das Solosaxophon
webt aus dem Regen die Nacht
aus dem Lampenlicht einen Tempel
so daß aus totem Gewässer Gebeine wachsen
die überall die Orte wechseln

Nicht zur Gänze ruchlos
lasse ich das schlechte Wetter
zum Diskurs der Rose werden
mit doppelter Schneide
die Jugend sezieren:

Ein wirkliches Gesicht
da der Friseur die unnötigen Jahre abschneidet
Ich scheine noch passabel
auf dem Weg an einem Spiegel vorbei

In einer anderen Epoche
setze ich langsam Rost an
In meiner Umgebung
treibt man Handel, hält man Vorträge
doch ohne jeden Laut

Tage und Wege

Schatten sind wie Bootslieder
die ein uraltes Grün durchqueren
Der Drachen zur Linken der Sonne
ist ein Schneesturm
der auf Genehmigung wartet

Nochmals einen Abschnitt beginnen, als
zöge man eine traumlose Schublade auf
In all den Ritzen nichts als
ein Liebeskeuchen

Die Verkehrssignale verweisen auf
die Differenz von Tagen und Wegen
Dieser Vergleich kommt einer Farbwanne gleich
die unsere Kleidung netzt
Der Laut, der beginnt
die Farbe, die endet

Zeitungen austragen

Wer glaubt dem Weinen der Masken
Wer glaubt dem weinenden Land
Das Land hat sein Gedächtnis verloren
Das Gedächtnis wurde zum frühen Morgen

Ein Zeitungsjunge geht frühmorgens auf Tour
Der schrille Klang der Trompete erfüllt die ganze Stadt
Ist das nun dein Unglück oder mein Unglück
Gemüse mit schwachen Nerven, ja
Bauern pflanzen ihre Hände in den Boden
in der Hoffnung auf die gute Ernte von Goldbarren
Politiker sprühen Pfeffer
auf ihre eigene Zunge
während Birkenwälder diskutieren
ob sie sich opfern für die Kunst oder für Tor und Tür

Diesen öffentlichen Morgen
hat ein Zeitungsjunge geschaffen
Eine Revolution zog an der Straßenecke vorbei
Da war er schon eingeschlafen

Ein Balkon

Ein Glockenton ist ein Begehren
das in die falsche Windrichtung führt
Jemand kehrt, dem Befehl
der Straße folgend, heim
zu seinem Apfel

Der Erzähler und die Geschichte ziehen
gemeinsam fort, ohne zurückzukehren
zur Zählung der Vogelnester
Wir bedienen uns oftmals der Zahlen,
um eingedenk zu sein der Barfußtänze
Epochen sind eben so
sie kriechen in unser Zwielicht

Da wird alter Wein
in die Becher geschenkt
Die Erinnerung ist geschäftig, Gäste auszuwählen
und zu schauen, wer zuerst kommt oder nicht

Ohne besonderen Titel

Die Trompete ist wie ein scharfer Pflug
sie pflügt die Nacht: wann erst
wird das Sonnenlicht keimen?

Wann erst werden die Hörigen
aufstehen und uns ins Auge fassen?
Wann erst werden wir uns zur Ehre gereichen
dank Anstrengung und Fleiß?

Ehe das Korn in die Scheuer gelangt
gehöre dieses Denken keinem
jene Fallhöhe von Augenblick und
Zukunft: Wogen, die ans Ufer schlagen
Wir sind der Jugend Nachbarn
hören Herzen ungestüm schlagen

In offeneren Gefilden
ist der Schlaf verstopft mit Stroh

Mittherbstfest

Liebende mit Obstkernen im Mund
legen ein Gelöbnis ab, sie erfreuen einander
bis das Kind, das unter dem Wasser
die Eltern beäugt
geboren ist

Der ungebetene Gast klopft an meine
Tür, mit dem Entscheid
tief in das Innere der Dinge zu gehen

Bäume spenden Beifall

Ach, warte ein Weilchen, der volle Mond
und der Tagesplan, sie sorgen mich
Meine Hand fährt durch einen Brief
Seine Implikationen verstehe ich nicht
So sitze ich mehr als eine Weile
in der Finsternis, als säße ich
im Herzen einer Freundschaft

Diese Stadt ist wie ein loderndes Deck
auf dem Eismeer
Ist Rettung möglich? Ja, Rettung ist möglich
Ein Wasserhahn betrauert Tropfen für Tropfen
die Quelle

Nachthimmel

Ein schweigsames Abendessen
Teller umkreisen die Finsternis
Sie heißen uns teilhaben
an garem Zorn
Gib eine Prise Salz dazu

Gäbe es einen größeren
Raum – eine Bühne
die hungernden Zuschauer
passierten unsere Aufführung
mit Blick nach oben

Wie wenn eine Fahne stiege, hinauf
in den Nachthimmel: zur verschlossenen Stätte
Ein Lichtstrahl zeigt die Wende an
streifende Planeten
Wir beginnen zu reden

Ohne besonderen Titel

Vom Nebel genäßt
gleichen Gedanken einem Vogelschwarm
von kalter Strömung abgehalftert
Du mußt dein Alter aushalten
die Fluren überwachen
den verschlungenen Pfaden lauschen
in großer Musik

Aber bist du nicht verwahrlost
dank Vernachlässigung
durch die Aufführung?

Nein, schlicht
und gar nicht überflüssig
ist jener Preis
jener Kuß von Himmel und Erde
auf den Wassern

Außer Hauses

Der Kompaß hat Humor
Er verweist auf einen Gemütszustand
Du trinkst deine Suppe und trittst
aus der Szene dieses Lebens

Auf dem Formular von Himmel und
Stromleitung begehrt ein Baum,
so aufgebracht, zu fliegen
Wie läßt sich da noch etwas schreiben?

Wie auch immer, du wirst
die Gefahr neu erkennen
Ein paar Fremde sitzen
am Ende der Reise

Der Wind in der Nacht stiehlt Glocken
Die Braut mit den langen Haaren
auf dem Leib des Bräutigams
sie bewegt sich einem Bogen gleich auf und nieder

Seelenspiele

All jene Hände kämmen die Winde des Herbstes
Wo es einen Hafen gibt, wird jemand warten
auf einen klaren Himmel, zuviel
Last drängt sich in dunklen Wolken

Das Wetter tröstet uns
so wie ein Traum genügt dem Traumlosen

Tage und Stiegen rühren sich nicht
Wir laufen hinauf und hinab
bis die Fußspuren erblühen
bis Gesichter in der Erinnerung
zu geschlossenen Türen werden

Bitte, nimm Platz, laß uns reden
über Buchseiten, die blieben in diesem einen Jahr
über all den Verlust jenseits von Seiten im Buch

Der Baum der Nacht

Stammt nicht eine geleugnete Passion
aus der Mitte des Empfindens?
Das einsame Licht im Abgrund
leitet Vögel, so voller Überzeugung
In den immunen Provinzen des Äußeren
stehlen Nachbarn, der Rhetorik so gleich,
den Himmel, sie wechseln die Sonne

Wer aufsteigt, erwacht

Das Fenster öffnen, aus den Ritzen des Lebens
den Kopf herausstrecken, dies ist die zeitweilige Pflicht
von Rentnern
Jener Postbote aus dem Vergessen
mit dem Duft der Minze
knüpft an einen Moment wie diesen an

Der Baum der Nacht überquert die Straße, so licht der Tag

Ein Lehrerheft

Eine Schule vor dem Schulschluß
hitzig, aber gemäßigt
Ich schlafe nebenan
Mein Atem reicht für
eine neue Lektion im Schulbuch: Fliegen

Wenn aus dem Stolz der Fremden
der Schnee im März fällt
wurzeln die Bäume im Himmel
Stifte auf dem Papier heben die Umzingelung auf
die Weigerung des Flusses, die Einladung der Brücke

Der Mond hat angebissen
Er biegt um die Ecke
auf mir vertrauten Treppen, Pollen und Viren
verletzen meine Lunge, verletzen
einen Wecker

Schulschluß ist Revolution
Die Kinder springen über die Lichtschranke
tauchen unter die Erde
Mit Vätern und Müttern sehe ich
Sterne aufsteigen

Ohne besonderen Titel

Der Sänger zweidimensional, der Gesang stereo
Noch eine Verbeugung, danke
Die Straße jubelt, sie befreit sich von ihrem Untergrund
Die Zuhörerschaft hat Wurzeln geschlagen, sie trägt Frucht
so wie Gallensteine Pein sammeln
die wirklicher ist als alle Liebe

Tag und Nacht wechselt man die Kanäle
Ich öffne eine Wasserrechnung, zugeschickt vom Ozean
und viel zu teuer
Unsere Nieren wachsen, wo das Herz steht
Wasser strömt in den weiten Schlaf
Salz wird zur Sprache

Ach, Chef, wie spät?
Es ist ein Uhr nachts
Ja, über uns sind zwei Jahreszeiten
Ein zeitweiliges Bündnis, weg damit
Zu unseren Füßen waltet der Kampf unter Blumen
Auf gut Glück, auf Wiedersehen

Rauchen außerhalb der Verbotszone
Ich bin jünger als alle Melancholie
Ich gehe das Stockwerk hinauf, ich mache das Licht an, ich sehe
die Herren der Dichtung die Kleinstadt verlassen
Aus den Fenstern hängen Laken
sie treten dem frühen Morgen der Schweigsamen bei

Was durchsichtig ist

Das Wissen eines Spiegels
– der Wandel
Wer auf Besuch kommt
macht die Heimat noch öder

Und was ich wie auf der Bühne zu mir spreche
gleicht der Stirn eines Nachtwächters
die zu leuchten beginnt

Drei Vögel ändern nun die Melancholie
des Himmels

Stellvertreter

Ein sinkendes Schiff und ein Kapitän im Ruhestand
auf der sechsten Straße, der, Orkane abwehrend, zu schlafen begehrt
Ich bin entlassen, ein Brief
mit amtlichen Ziffern
heißt mich, ihren Himmel anzuerkennen
Ja, ich bin belanglos
Meine Geschichte begann auf einem Rad

Birken, so ordentlich ihre Saiten
fahren gemeinsam den Nacken edler Rösser hinauf
Nebenwege, die auf Landkarten politisch hausieren gehen
nehmen Farbe an, wenn sie Erinnerung durchstreifen
Die Bibliothek ist längst zu
All die Zeugen, schön eingeteilt,
warten auf eine Liebe gegen den Uhrzeigersinn

Ich vertrete eine Lehrerin
Sie ist in den Wald gegangen zur Geburt eines Buches
Ich stürze zur Tafel, noch größer als ein Buch
Vögel verstecken dort Getreide
Vor den Fenstern wird der Rasen blau
dank der Verkäufer von Luftballons
Jedes Kind trägt einen Wunsch davon

Ein Morgenlied

Worte sind der Lieder Gift

Auf nächtlichem Weg, auf den Fersen der Lieder
hat die Polizeisirene
die Fahne eines Schlafwandlers im Sinn

dem beim Erwachen der Kopf schmerzt
so wie ein durchscheinendes Fenster sich wandelt
vom Schweigen zum Dröhnen

Das Leben verschwenden lernen
Ich erhebe mich im Vogelruf
rufe hoch, nie niemals

Sobald der Orkan sich aufgetankt hat
ergreift das Licht den abgeschickten Brief
öffnet ihn und zerreißt ihn dann in Stücke

Zielort

Ungeraden Zahlen folgend
und Funken, die Aussprache üben
bist du auf Reisen, von Landkarten
blickst du hinab auf die Grablegung der Straßen
so tief gegraben
daß sie reichen an ein Gedicht in seinem Kern

Keine Satzzeichen können aufhalten
die Wehen der Reimgesetze
Du bist nahe den Metaphern des Windes
gehst ergraut in die Ferne
Die dunkle Nacht öffnet ihren Oberkiefer
Und entblößt ihre Stufen

Was aus der Art schlägt

Das weite Land vor dem Fenster im Rücken
bewahre ich den Kern des Lebens
Doch die Zweifel im Mai
werden erhellt vom Schnaps
so wie die Zuschauer eines Horrorfilms

Die Liebenden der Frühe, sie altern
Nur der Honig um fünf Uhr nicht
Sie sind ein Leib
Ja, ein Kompaß
auf heimwehkrankem Ozean

Schreiben und Schreibtisch
sind Diagonale, feindlich gesonnen
Ein Freitag unter Qualm
Jemand entsteigt auf einer Leiter
dem Blickfeld der Zuschauer

Eine Nacht verbringen

Ein Fluß bringt Forellen auf den Tisch
Schnapses Bruder und Vater Hirse
halten mich zurück für die Nacht, die Gläser
haben Falten von Mördern

Die Rezeption hat ein Auge auf mich
Ich höre ihr Herz gehen
Ein Herz, mal licht, mal dunkel
erhellt das Anmeldeformular

Auf dem glatten Marmor
klingen die Klavierstücke unrein
Der Fahrstuhl macht das Gähnen zum Schrei
der durch den Schaum der Lampen geht

Der Wind, glättenden Ärmeln entfahrend,
zeigt ganz offen seine eiserne Faust

Der Weg nach Hause

Auf dem Weg nach Hause, wenn die Hoffnung trügt
und einbehält einen blauen Dunst
verläuft mein Weg parallel zur
Privatheit der Ratten

Vergangenes beunruhigt mich
Es ist eine aufblitzende Stimmgabel
die hinterhältig anfällt
ein geheimes Instrument in vergessener Hand

Doch Zwänge eines solchen Moments
entstammen tieferem Blau
Um die Ecke gekehrt prüfe ich
die Druckkunst von heiligen Büchern und von Meeren

Ich sehe mich heimkehren
durch all das Spielzeug der Nacht
Am Ende des Lichts
sind Biergläser und Rufe eines

Ein Aufruf

Der Morgen ist eine Erfindung zitternder Vogelschwärme
Der Pfirsich zieht seine Schlüsse aus Multivitaminsaft
Frauen, von Bergen gepriesen,
nähen das Meer mit Hilfe von Lichtstrahlen zu

Der Glockenklang hebt ab, mitten durch den Morgen
Er geht uns bis zum Scheitel, die wir kehrtmachen jäh
wir Leugner der Zeit
wir Züchter von Skorpionen
wir Straßenmusiker
für traurig weite Winde

Wo Untersuchungen kehrtmachen
werden sie zur Antwort
in diesen Jahren der Tabus
Ein Rabe steht auf einem Bein:
Dies ist seine Schreiberfahrung

Warum machen Bücher solch einen Lärm?
Sie sind Folge des Zorns

Ein Moment des Gegenlichts

Blitze erhellen das Gesicht des Verbrechers
So wild ist der Streit!
Doch dessen Fußspur
schwindet mit dem gerade geschriebenen Vers

Die Nacht ist ein Strudel
Wer tief schläft, dreht sich
wie ein Kleidungsstück in einer Waschmaschine

Ein Schmetterling flattert
im großen Dunkel der Geschichte
Ich mag diesen Moment
Er ist wie eine Wäscheleine, die in die Vergangenheit führt
und in den nächsten Tag, da der Wind bläst

Ein Filmschnitt

Ein Standbild ist wie ein Becher, den der Tod in Händen hält
Der Regisseur nimmt einen Schluck Wasser
und wendet sich zum Publikum:
Hey, hör mal, wo geht es denn hin?

Die Autobahn Nr. 5, ich fahre
im Blickfeld von Feldmäusen, entlang des Weges
sind Stromleitungen angebracht

Kapitän Mozart
leitet mich durch nostalgisches Hochwasser
Sonnenquallen treiben obenauf
Fische, von hohen Tönen geangelt, spucken die Haken aus
Bei tiefen Tönen laichen sie

Der Regisseur ruft durchs Megaphon
durch Jahrhunderte getrennt

Ich frage nach dem Weg, befrage den Himmel
befrage einen toten Dichter
nach der Satzstruktur, die ihn betörte
Er antwortet: Ich war nur in Dienst genommen
von einem traurigen Wind

Tage und Nächte verdanken ihre Geburt dem Blättern in Büchern
So eilig die Pferdehufe

Eine Mission

Priester gehen irre im Gebet
Eine Lüftungsklappe
eröffnet ein anderes Zeitalter:
Flüchtlinge steigen über die Mauer

Asthmatische Worte bereiten
Autoren Herzbeschwerden
Tief atmen, noch tiefer
Die Wurzel des Schnurbaums fassen
der mit dem Nordwind debattiert

Der Sommer ist da
Die Baumkrone macht den heimlichen Denunzianten
Leise Worte sind ein Schlaf, rot
von Bienenstichen
Nein, ein Orkan

Leser steigen verstreut an Land

Der Drehstuhl

Ich verlasse das Zimmer
wie der Schatten eine Musicbox
Das Pferdehinterteil der Sonne funkelt
und bleibt im Mittag stehen

Der Drehstuhl ist leer, so leer
Im Trichter des Schreibens
wird jemand von weißem Papier gefiltert:
Ein Gesicht voller Falten
Böse Worte

über eine erträgliche Freiheit
über Fragen des Vortritts

Ein Herz wird anscheinend gebraucht
um noch mehr Blinde zu erleuchten
hin und her zwischen Morgen und Abend

Die Stille und das Zittern

Für B. Breytenbach

Du malst dich selbst
in deiner Geburt – Strahlen erheben sich
rühren papierene Nächte auf

Der Wahn, den du entläßt,
ist die Wahrheit, welche die Stille formt
Der Stolz funkelt wie eine innere Wunde
Er macht die Diskurse fahl

Im geheimen Zittern
werden die Engel mit ihren Uniformen
privater Schulen
zu Fischen und fordern Rechenschaft vom Meer

Der Wind, der Wagenspuren liest
salutiert blauer Seide
fern dem Schmerz

Die fünfte Straße

Der lichte Tag ist ein Seufzer
hinter dem Garten des Erfinders
Die schweigende Mehrheit
wendet zusammen mit dem Glockenschlag den Kopf

Die fünfte Straße entlang
trete ich in die Weite von Spiegeln
Das Herz eines Dieners
geballt wie eine Faust

Und schon wieder ein Tag
Ein Springbrunnen hat keine Zweifel
Was auf der Stirn eines Propheten blitzt
wird zur Falte

Eine Rauchschwade dirigiert
den Musikzug hoher Straßenlampen
Eine Nacht ohne Schlaf
Ich ergebe mich dem Mondlicht

Der Stadtgraben

Der Stadtgraben weitet sich mir im Herzen
Wie viele Schwalben sind dort
die wie bescheidene Scholaren
zwischen Himmel und Erde treten?

Eine Stuhlreihe
beginnt nächtens ihre Reise
Ich lasse den Unterricht
entlade Mühlsteine
zwölf Doppelstunden lang

Älter nun
wie eine Weide, die in Träume sinkt
Die Stadttore stehen dem Vergessen
auf immer offen

Die Äpfel sind vergoldet
Keine Frau wird je mehr lieben
Worte sind Köder
Der große Tote in den Wolken
wirft seine Angel nach uns aus

Die Sache mit der Seife

Ich wasche mir die Hände in der Küche
Das Seifenwasser fließt in den Abfluß
anscheinend so wie der Kummer
eines französischen Horns

Die Braut winkt zum Abschied
den Kanälen, da man einander versprach
Wer ist der weißhaarige Zeuge
stromaufwärts?

Ein Foto mit der Sonne
Mein Gesicht zur Hälfte verdunkelt
Die andere Hälfte ist der helle Tag
in windloser Stille

Fische vergessen einander in Flüssen und Seen
Nächte kreieren Götter auf Zeit
Fledermäuse in den Augen von Abhängigen
erliegen zur Zeit ihrer Lust

LANDSCHAFT ÜBER NULL (1995)

Was uns erreicht

Damals waren wir noch jung
erschöpft wie eine Flasche
in Erwartung der Zornesschwellung

Ja, der Zorn der Jahre
Die Flamme ist beschämt, ja, die dunkle Nacht hielt ewig an
Aus den Büchern trat das Leben, zieht der Tod ein
Heilige enthüllen nun die Bedeutung von Winter

Ja, die Bedeutung von Aufbruch

Das allseitige Schluchzen begehrt auf
Es ruft mit lauter Stimme
von seinem Herrn vergessen

Ein anderer

Dieser Himmel, der sich halbwegs auf Schach versteht
sieht das Meer die Farben wechseln
Seine Leiter geht in die Spiegel ein
Finger in Blindenschulen
ertasten die Auslöschung der Vögel

Der müßige Tisch des Winters
sieht das Flackern von Lampen
Die Erinnerung hält Rückblick, ein ums andere Mal
Die Bogenschützen der Freiheit vernehmen
in der Fremde die Gerüchte der Geschichte

Manche traten früh schon inkognito an
vielleicht auch gehemmt von uns
unter dem Horizont
Doch ein anderer beginnt mitten unter uns
plötzlich lauthals zu jammern

Eine blaue Wand

Die Straßen befragen den Himmel

Ein Rad
sucht ein anderes Rad als Zeugen:
Dieser warme Pelz
Verse, die aufblitzen
Zeugung und Passion
Ein Moment wie dieser oder das geschrumpfte Panorama
traumlos

sind sie die Freude des Benzins

Kreationen

All die Kreationen Generation für Generation beunruhigen mich
Zum Beispiel die Nächte, die gesetzlich Reißaus nehmen
Dahinter steckt stets ein Grund
Ein Hund bellt Dunst und Nebel an
Schiffe navigieren auf Kurzwellen
Der Leuchtturm, den ich vergaß
gleicht einem Zahn, der, gezogen, nicht mehr schmerzt
Bücher, im Winde blätternd, verstören die Landschaft
Die Sonne geht dank Rettung auf
All die Leute stampfen vor Einsamkeit in einer Schlange mit den
Füßen auf
Eine Glocke schmiedet Verse für sie

Was bleibt abgesehen von all diesem?
Sonnenstrahlen lachen lauthals auf Glasscheiben
Der Fahrstuhl fährt in die Tiefe, aber da ist keine Hölle
Jemand, dem das Vaterland gekündigt hat
geht durch einen betäubend heißen Mittagsschlaf
und an der Küste geht er auf Grund

Perfektionen

Am Ende eines perfekten Tages
hinterlassen ein paar Kleinbürger auf der Suche nach Liebe
in der Dämmerung ihre Wunden

Es muß einen perfekten Schlaf geben
Engel besinnen sich darinnen
auf die Vorrechte der Blüte

Wenn das perfekte Verbrechen geschieht
werden die Uhren erst pünktlich gehen
werden die Züge erst fahren

Perfekte Flammen in Bernstein
Daran wärmen sich im Kreis
die Gäste des Krieges

Betretenes Schweigen, ein perfekter Mond geht auf
Ein einzelner Apotheker mixt gerade
eine hochgiftige Zeit

Der Hintergrund

Man muß den Hintergrund ändern
Erst dann gibt es eine Heimkehr für dich

Die Zeit wirbelte ein paar Zeichen durcheinander
Sie flogen auf, sie fielen nieder
ohne Preisgabe einer einzigen Nachricht
Eine Reihe von Niederlagen ist der kürzeste Weg
vorbei an stillen Zuschauertribünen in tiefem Schnee
so bedrohlich nahe der großen Glocke des Alters

Doch der Höhepunkt eines Familienbanketts
hat mit dem Weingeist zu tun
Die Frau ganz nah an dir
trägt stets historische Trauer
mit starrem Blick auf gehäuften Schnee, auf Leerzeilen

auf Finsternis, an welche Wühlmäuse so fest glauben

Ohne besonderes Thema

Das hartnäckige Kindergeschrei
im eintönigen Denken von Vater
prallte schließlich mit hohen Bergen zusammen
Kein Grund zur Panik
Ich folgte der Eingebung gewisser Bäume
und wandte mich vom Stottern zum Gesang

Die Pein, die von ferne naht
ist eine Art Autorität
Mit ihrer Hilfe zersäge ich Tische
Jemand brach aus Liebe auf
Und ein Palast in der Nachhut von Orkanen
raste durch viele Dynastien

Fern einem Leben mit Möbeln
rühren Flöhe große Trommeln
Taoisten üben Himmelfahrt
Die Jugend tritt tief in die Gassen
Sie weint wegen der Logik der Nächte
So habe ich meine Ruhe

Dieser eine Tag

Der Wind ist vertraut mit der Liebe
Der Sommertag funkelt imperial
Angler vermessen einsam
die Wunden der Erde
Das Glockengeläut schwillt an
Spaziergänger am Nachmittag
sind gebeten, sich in die Mutmaßungen der Jahre zu begeben

Jemand lehnt gebeugt über ein Klavier
Jemand trägt eine Leiter vorbei
Schläfrigkeit wird um wenige Minuten verlegt
Nur um wenige Minuten
Die Sonne untersucht Schatten
Ich trinke Wasser aus hellen Spiegeln
sehe dem Feind ins Auge

Die Stimme von Tenören
klingt wie ein Tanker, der das Meer erzürnt
Um drei Uhr nachts öffne ich eine Büchse
und lasse all die Fische baden in Licht

Wir

Verlorene Seelen
jagen mit Laternen den Frühling

Die Narben leuchten, die Becher gehen im Kreis
Licht wird geschaffen
Schau auf diesen faszinierenden Moment:
Diebe schleichen in die Post
Briefe schreien laut auf

Nägel, ja Nägel
Dieses Lied läßt sich nicht ändern
Das Brennholz hält einander umschlungen
auf der Suche nach Publikum

Auf der Suche nach dem Herzen des Winters
Am Ende der Flüsse
erwarten Schiffer endlosen Abendschein

Es bedarf des Menschen, von der Liebe neu zu schreiben

Unser Auftritt

Eine Kindheit, da Sprache krank gedieh
Wir sagten nicht viel
Wir spazierten müßig durchs Leben
Wir sahen das Meer hinter Gittern
Die Jahreszeiten, die wir bereisten
sprangen mitten hinein

Die Musik war kalt und hart ohnegleichen
Doch Ehen waren fein ausgelegt
Der Welt müde
schlug jemand die Richtung exakter Adressen ein
wie ein Rauch, der sich zerstreut

Endlose Wellen von Traurigkeit
drängten die Kinder aus dem Bett
Sonnenstrahlen sammelten sich, zerstreuten sich

Wir sagten nicht viel

An einem Abzweig

Vergangene Tage tadeln
die Blüte des Augenblicks
All die Nächte, die Frühlinge stolz machen
rollen mit dem Gestein dahin
Sie zerschlagen alles Glas im Traum

Warum nur weile ich hier?
Briefe aus der Lebensmitte verbreiten
eine weite Wehmut
Schuhe, die nie einen Zweifel kannten, wechseln
Strümpfe oder ihre List

Ohne jeden Plan schweife ich
bei irgendeinem Konferenzbericht
noch weiter in die Ferne
Ich folge einer Partikel und biege ab
Gemeinsam mit armen Seelen
heiße ich an einem Abzweig das Abendlicht willkommen

Ein Morgen

Die inneren Organe der Fische, wie eine Lampe
leuchten sie wieder auf

Ich erwache, mit Salz im Mund
als hätte ich erstmals Freude geschmeckt

Ich gehe nach draußen spazieren
Die Häuser lernen lauschen

Ein paar Bäume machen kehrt
Irgend jemand wird nun zum Helden

Er hat keine Wahl: gestenreich begrüßt er
Vogel und Vogelfänger

Ohne besonderes Thema

Passanten warfen die Glühbirnen
in ihren Köpfen an
Die Straßen rasten dem Wahn des Oktobers entgegen

Sie salutierten vor einem Hund
Die Schatten neigten sich seiner Erfahrung

Die Quellwasser offenbaren dann
den Schlaf unter der Landschaft
Der Reihe nach bargen
wir uns unter die stets lichten Fenster und weinten

Li Bai* rührte die Trommel und sang
So ruhig und gelassen

* Li Bai (701 – 762), im deutschen Sprachraum eher bekannt als Li T'ai-po bzw. Li T'ai-pai (A. d. Ü.)

Neulinge

Abende von Neulingen
kennen keine Angst
Neulinge rezitieren auf Dächern mit einer Stimme
Ein Blatt Zwielicht ohne Zeichen
In dem Darlehen des großen Schnees
und in dem Keuchen der Pferde
nähern sie sich einem Ort, da es blüht
Auf dem großen Platz der Zeit
verfassen sie Bücher, stellen Theorien auf
Mit ihren langen Peitschen treffen sie den Sinn
In Betonritzen
pflanzen sie den eigenen Namen

Die Tage werden gefaltet
Es bleibt noch
das Lied, das dem Leben folgt und dem Tod, dem Auf und Ab
Unweigerlich wird es zu ihnen zurückkehren
zu ihren offenen und stummen Mündern

Doppelbild

Wer unter dem Mond ans Tor klopft
sieht Steine blühen
Ein Zitherspieler streift durch den Wandelgang
Er läßt einem das Herz laut springen
Ohne Wissen von Morgen und Abend
teilen die strömenden Wasser und die Goldfische
den Zeiten die Richtung zu

Die Sonnenblumen sind verwundet
Sie weisen den Weg
Blinde stehen
in unerklärlichem Licht
Sie halten fest den Zorn
Attentäter und Mondlicht
gehen gemeinsam in die Fremde

Hoheitsgebiete

Wo begann nur der heutige Abend?
Gäste prosten sich an den Wänden zu
Geistesblitze ringen mit den Lampen

Wer hart übt
der führt sein ganzes Leben auf
Der glatzköpfige Pianist
hat bestimmt eine Sonne daheim

In Nachahmung des Schweigens
kriecht meine Hand über den Tisch

Jemand jagt Hunde in die Geschichte
und gräbt sie wieder aus
Sie bewachen die Tore
Ein altes Paar macht kehrt und fliegt davon
Ihr Blick zurück so voller Tücke

Februar ruft die Handwerker vom Land herbei
Sie sollen den Himmel erneut stützen helfen
Der Frühling abseits der Wege
läßt alles geschäftig Ausschau halten

Soviel ich weiß

Leute, unterwegs zu der einen Erzählung,
haben einen großen Berg verlegt
So erst wurde ER geboren

Mein Ausgangspunkt war ein Unfall
Da erreichte ich ein anderes Land
stellte die Buchstaben auf den Kopf
So hatte jede Mahlzeit ihren nötigen Sinn

Zehenspitzen reichten zur Bemessung der Zeit
Der Krieg war noch zu fern von ihm
Vater war wiederum zu nah
Er zog den Kopf ein und bestand das Examen
Er betrat das endlose Deck

Die Wände hatten Ohren
Doch ich hatte mit ihm Schritt zu halten
und zu schreiben!

Er lackierte die Straßen rot
damit Phönixe niederstiegen
und ihr Sterben demonstrierten

Wegweiser, so unklar in ihrer Bedeutung,
umkreisten die Winter
Selbst die Musik begann da zu schneien

Ich war behutsam
Jedes Zeichen ist ein Abgrund

Wenn ein großer Baum
die Winde der acht Lande mäßigt
wird SEIN Garten
dank eitler Hoffnung wüst und leer

Achtlos durchblättere ich
seine üblen Niederschriften
einzig fest im Glauben an die Blüte des Vergangenen

Er fälschte meine Unterschrift
So wuchs er heran, wurde erwachsen
Überdies wechselte er mit mir den Mantel
um sich in meine Nacht zu stehlen
auf der Suche nach der Zündschnur
für die Detonation einer Geschichte

Was Thema ist

Eine Schale am Morgen,
dieser lebenslange Begleiter,
gönnt mir den Nachgeschmack jener Gunst
Und so sind es Türen, die mich negieren

Das Leben hält andere Deutungen bereit
Da klatschen viele Bücher Beifall
trübseligen Revolutionen nacheilend
da Fuchsgebein begraben liegt

Ich wende mich nach Westen, ich wende mich nach Osten
Dabei meide ich, was Thema ist
Das nächtliche Segelflugzeug öffnet
Blicke, kreuz und quer in der Ouvertüre

Die Landschaft wie ehedem
Eine steuerflüchtige Herde von Elefanten eilt dahin
Die Politik schießt in die entgegengesetzte Richtung
Bauern waschen sich die Ohren und lauschen ergeben

da die Jahre stiegen und fielen
Ich taste heim
Jemand öffnet im Obergeschoß das Fenster
und gießt einen Bottich Schmutzwasser aus

Auf der Nachtwache

Der Mondschein ist kleiner als ein Schlaf
Das Flußwasser geht durch unser Zimmer hindurch
Wo nur legen die Möbel an?

Es ist nicht allein die Chronik
Es ist auch die Billigung
in einem illegalen Klima
daß wir uns dem Regenwald nähern
Ja, der tränenreichen Verteidigungslinie

Gläserne Briefbeschwerer lesen Wunden heraus
aus den Schilderungen der Zeichen
Wie viele schwarze Berge blockieren und blockierten
1949?

Am Ende unbekannter Volksweisen
ballen Blumen die Fäuste und schreien

Ohne besonderes Thema

Für Martin Mooij

Briefmarkensammler blicken klamm auf das Leben
Eine kurze Freude

Die Nacht kniet anmaßend nieder
Sie hält hoch das Lampenlicht von Generationen

Der Wind wendet sich, die Vögel werden irre
Ihr Gesang schüttelt so viele Äpfel herunter

Wachen Liebhabern ist das Haar ergraut
Ich bücke mich in Betrachtung meines Geschicks

Quellwasser tröstet mich
in diesem nutzlosen Moment

Ohne besonderes Thema

Alles eilt von Ort zu Ort, seine Wiedergeburt
erreichend, geht es heimlich ein in den Traum der Vögel
Die Sonne flieht Weizenfelder
und kehrt mit Bettlern zurück

Wer größer ist als der Himmel,
jener früh verstorbene Sänger,
kreist in der Wetterkarte
Mit einer Lampe in den Händen erstürmt er Schneestürme

Ich habe eine Zeitung gekauft
Beim Tag gab es das Wechselgeld
Am Eingang der Nacht schlüpfte ich in eine neue Identität

Fische nach der Rühmung
gleiten durch jedermanns Tränen
Hallo, ihr, so gesund im Oberlauf,
wie weit ist es bis morgen?

Eine Nacht

Welle um Welle voller Details
Das Licht außerhalb von uns
ist nichts als eine Vorstellung, die Wunden entstammt
Das Mondlicht zieht als Krankenschwester dahin
Es verpaßt jedem Herz eine Spiralfeder

Wir beginnen zu lachen
Im Wasser reißen wir uns die Bärte herunter
den Wind aus drei Landen erinnernd
Von der Höhe einer einzelnen Zikade
schauen wir die Welt einer Witwe

Die Nacht ist noch beredter
als alles schreckliche Los
Die Nacht ist uns zu Füßen
Dieser Lampenschirm, der Gedichte abschirmt
so lang zerschmettert

Die Farbe Purpur

Ein lichter Nachmittag
Das Signalhorn tönt seine Weile
Persimonen, so voll in den Bäumen, erzittern
wie ein jedes Wissen in seinem Gedanken
Ich öffne die Tür und erwarte die Nacht
In der Zeit großer Meister
lese ich Bücher, spiele ich Schach
Jemand wirft von seinem Thron
Steine auf mich

ohne mich zu treffen
Die Schiffer rudern, Geistern gleich, vorbei
Wogenschein hat dich erschaffen
hat Zeichen dir eingeschrieben
Unsere Finger verschränken sich
Ein Stern hält inne
und erleuchtet uns

Ein Tag in den Bergen

Den September zieht es nach Westen
Die nichtssagenden Tauben zieht es nach Osten
Das zarte Gebein des Lichts und des Gestüts
kosten auf ihrem Abzweig
Saaten, sie bleiben ohne Traum
Mich zieht es zum Sonnenhang
Da übe ich schweben
nur um des tiefen Schlafes willen

Um eines Erwachens willen
Die Uhr schlägt 12
Da fallen mitternachts die Blätter
Ein lichter Tag schickt seinen Rauch

Ohne besonderes Thema

Rückschau halten ein paar Mal im Gedicht
Die Nachtvögel singen alle
Du gibst Rauch und Nebel frei, fern
den Stimmen, die erstarben

Du öffnest den Schirm, betrittst den nächsten Tag
Du, ein Wanderer
der du von deinem Ende vorwärts ziehst
Was vermag Freude zu ersetzen?

Die Füchse des Jahrhunderts
springen zwischen den Klüften einher
Du siehst jene treffliche Brücke
irgendwie am Horizont entschwinden

Ein Morgen rührt an
die geheimen Gedanken von Walnüssen
Über der Passion des Wassers
liegt die Einsamkeit der Wolken beim ersten Erwachen

Ein alter Ort

Der Tod betrachtet ein Bild
stets von der Kehrseite

In Momenten wie diesen sehe ich vom Fenster aus
die Abendsonne meiner Jugend
ein alter Ort, neu aufgesucht
Ich eile, die Dinge beim Namen zu nennen
Doch, bevor der Himmel dunkelt
was läßt sich da schon sagen?

Einst trank ich vom Becher der Worte
Er machte durstiger noch
Mit dem Flußwasser die große Erde zitierend
lausche ich in Bergesfluchten
dem Schluchzen eines Flötenspielers

Engel, die Steuern eintreiben
kehren von der Kehrseite des Bildes wieder
von all den vergoldeten Schädeln
Sie sondieren in einem fort, bis der Abend kommt

Ein Außenseiter

Eine Generation sinkt herab wie ein Vorhang
Die nächste Generation klatscht gerade Beifall

Menschen, die im Dunkel wohnen
Die Zeiten, die du durchliefst
erfahren Wertschätzung nun
Tastend ist da schließlich Licht
Das ließ ein halbes Leben aus
voll von Kranichrufen

Jemand schwimmt in Krankheiten
Wenn der Herbstwind die kleinen
kleinen Launen von Jungtieren betrachtet
treten die Wege in den Schlaf
Im Licht, das dich schlug
hältst du die Stellung an namenlosem Gatter

Der nächste Baum

Aus der Richtung des Windes
zählen wir die Tage und Nächte
im Samen des Mohns

Der große Schnee verstreut die Lügen
eines Luftzugs
Die Postkästen erwachen
Briefe haben lang schon ihren Sinn neu bedacht
Der Weg führt aus der Geschichte heraus
Wir begleiten Vergangenes zurück
und binden es an den nächsten Baum

Komm, Barbar
Tritt ein in diese eine Legende
diese vorbestimmte Blüte der Zeit
Eine bescheidene Flamme
wurde zum Tiger in fremden Landen

Unsere Reise geht überall hin
Stets brechen wir vom nächsten Baum auf
kehren zurück, um neu zu benennen
den Gram unterwegs

Weil

Eine schlaflose Lampe leitet dich
von geheimer Schachkunst ausgehend
einen Gegner zu finden

Die Lieder sind Hausierer ihres eigenen Schattens
Du gehst von einer Folgerung
in die Richtung des sich öffnenden Tages
Warum also macht dich der erste Strahl
so unruhig?

Ein Same, in die Wunden gepflanzt
verweigert den Zeugenstand:
Du nimmst Abschied, weil du wartest
Du leidest, weil du liebst

Leidenschaft ist gerade so wie ein Rad,
perfekt, weil es ruht

Ohne besonderes Thema

Als die Sprache verrückt wurde, wurden wir
im Freiraum des Gesetzes gerettet
denn wir waren taubstumm
Ein Schulbus nach dem anderen
fuhr vorbei am Abgrund des Lichts
Die Nacht war ein alter Film
Lautenklänge sickerten in die Zeiten wie Regen

Waisen jagen nun den blauen Himmel
Bücher, die Trauer tragen, stehen stramm
Auf den Wegen zur Hermeneutik
öffnen sich die Azaleen und ihre Schwestern
um des Todes willen

Schlaflosigkeit

Du siehst vor deinem Fenster dich, dein ganzes Leben
die Wandelbarkeit seines Lichts

Blind vor Eifersucht
stehen die Sterne gegen den Wind, so ist ihr Gang
Fern der Metapher des Todes
entfalten sie Landschaften der Moral

Da, wo von den Quellen die Rede ist
hat die Nacht dich schließlich eingeholt
Jenes große schlaflose Heer
salutiert vor einer einsamen Fahne

Der Nachtwächter bei seiner Runde
entzündet jene Blüte, voll panischen Schreckens
Eine Katze schnellt mit einem Sprung in die Nacht
Der Träume Schwanz blitzt einmal auf

Geschichten

Der Jugend Trompete, ein blindes Echo
Eine Stadt, die Wasser trinkt, rückt mit der Wahrheit heraus
Spezialisten erklimmen die Hochspannungsleitungen der Nacht
Die Polizei erschien nur einmal
in sinnlosem Gelächter

Der Hund in der Grammatik artikuliert die Seufzer der Wellen
Telefonhäuschen träumen am Meer
Ein Fisch, ein Anlaß rufen den Orkan herbei
Die Orgel qualmt, Sternschnuppen verspritzen
Was gepriesen wird, ist ein totes Jahr

Ich folge dem Hauptstrang
und komme dort an, wo der Autor sein Werk begann
Tränen in den Augen erkenne ich die Sonne nach der Zeche
April, noch feucht vom Anstrich
Bienen leiten Bilder des Hungers an

Asymmetrisch

Die Schliche der Geschichte öffnen ihre Knospen
Finger, geschäftig beim Reden, sind verwundet
Die gehorteten Sonnenstrahlen werden zum Lebensalter
Du, versunken in alten Dingen und in Schaum
begräbst die Werkzeuge des Zorns
Ein Fremder, der aus der Vergangenheit kam
tadelt dich in den Spiegeln

Und alles, was ich sehe, sind
Krähen, dunkle Wächter der Stadt, sie sterben gerade eine um die andere
Lehrer, die mir Atem und Sinn erklärten
spucken Blut im Schatten meines Schreibens
Jene Gewänder, in Feiertagseile
folgen der Sonnenfinsternis oder einer perfekten Ehe
Sie steigen auf, ganz ohne Gesang

Kerzenwachs

Das Kerzenwachs der Jugendzeit
liegt tief verschlossen in der Erinnerung
Flammen haben das Trinken aufgegeben
Hastige Passanten in den Ruinen
Unser Herz

Unser Herz
versteht es, noch weiter als der Haß zu gehen
Die Nacht lehnt die Leser des nächsten Tages ab
Angezündete Kerzen
schwindeln wie ein Glockengeläut
das den Himmel ändert
Das einzige Schweigen in einem Moment wie diesem

Das einzige Schweigen in einem Moment wie diesem
ist ein freigelegter Garten
Wir sind vergebens dahinein verwickelt
Das Kerzenlicht ist noch tiefer als der Herbstnebel
ziellos auf dem Weg zum nächsten Tag

Das Schlüsselwort

Mein Schatten ist gefährlich
Das letzte Wissen,
eingebracht von dem Mietling der Sonne,
dem Künstler,
ist leer

Das ist die dunkle Eigenschaft
von Insektenwerk
Das kleinste Kind der Gewalt
Schritte in der Luft

Das Schlüsselwort, mein Schatten
schmiedet das Eisen im Traum
Es tritt den Rhythmus dazu
Ein einsamer Wolf tritt herein

In der Dämmerung, da niemand unterliegt
setzen Seidenreiher Zeichen ins Wasser:
ein Leben, ein Tag, ein Satz
das Ende

Ohne besonderes Thema

Zigtausend Fenster blitzen auf
All diese Propheten
zwischen gestern und dem Ozean
Ja, die Freude des Irrwegs

Eine Brücke wird zur Realität
Sie überspannt das gemeinschaftliche Licht
Und die geheime Reise mit ihren Rosen von gestern
bietet ein Blatt Papier, ein Missgeschick

Die Tränen der Mutter, mein früher Morgen

Aussichten

Seemöwen, kreischende Träume
trotzen gläubigen Himmeln
Wenn Pflanzen zu Milch werden
verliert der Wind sein Detail

Wenn der Wind Heimweh ist
dann ist der Weg seine Rede

Am Ende des Weges
kostümiert sich ein Laufhund der Geschichte
als Nacht
Er kommt mir jetzt gefährlich nahe

Im Rücken der Nacht
gibt es grenzenlos viel Getreide
Liebende mit wehem Herzen

ALTER SCHNEE (1992) – AM HORIZONT (1993)

Ein Moment wie dieser

Der große Feldzug
wird aufgehalten
von einem feinen Zahnrad

Wer dem Traum Schießpulver entnimmt
entnimmt auch Salz den Wunden
und die Stimme der Götter
Was bleibt, ist nur der Abschied
Ein Abschied auf immer, der Schnee
der am Nachthimmel aufscheint

Himmelsfragen

Heute abend regnet es Bindfäden
Eine Brise durchblättert die Bücher
Die Lexika sprechen durch die Blume
Sie zwingen mich in ihre Gewalt

Von klein auf habe ich alte Gedichte gelernt
ohne den Sinn zu verstehen
Ich stand bestraft
am Abgrund der Deutung

Der Mond licht, die Sterne spärlich
Die Hand des Lehrers
wies aus ihrer Mitte den Weg
Schatten spielten Leben

Manche glitten
auf den Hängen der Erziehung dahin
Ihre Geschichten
glitten außer Landes

Worte entglitten den Büchern
Weißes Papier ist Amnesie
Ich wasche mir die Hände
und zerreiße es, so endet der Regen

Ein Porträt

Vom Glauben verletzt trat er aus dem August
Jene gefährliche Mutterliebe
wurde von einem Spiegel gestohlen
Er stand seitlich zwischen Nashorn und Politik
wie ein Riß zur Scheidung von Epochen

Ja, Komplize, ich bin in einem Moment wie diesem
nur ein normaler Reisender
der auf dem Schachbrett eines Museums
mit anderen die Wege kreuzt

Passionen enden nie
Besuche aber haben strikt geheim zu sein
Plötzlich spüre ich den Schmerz jener Saiten
Du stimmst den Ton, spielst für mich ein Lied
bevor das Getier die Geschichte betritt

Nachbemerkung

Die Gedichte des Bei Dao zu übersetzen ist wie ein Gang über glühende Kohlen: Man kann nichts richtig machen und wird gewiß keiner einzigen Qual entkommen. Da sind in den Texten fast alle Verben ohne nähere Zeitangabe: Ob man Vergangenheit oder Gegenwart übersetzt, hängt vom jeweiligen Geschmack oder Verständnis des einzelnen ab. Die Nomen kommen in der Regel ohne Pluralsuffix und ohne Demonstrativpronomen daher. Und da es im Chinesischen keinen bestimmten und unbestimmten Artikel gibt, lassen sich Nomina beliebig in den Singular oder Plural übertragen, mit einem bestimmten oder unbestimmten Artikel versehen: Pferd, ein Pferd, das Pferd, die Pferde, Pferde? Alles möglich! Erschwerend kommt die Offenheit der Grammatik hinzu, die an der klassischen Lyrik der Tang-Zeit (618–907) geschult ist. Was ist das Subjekt, was das Objekt, liegt ein Hauptsatz oder ein Relativsatz vor, sind die Verben transitiv oder intransitiv zu verstehen, dies alles gehört zum täglichen Rätselraten eines Übersetzers, dem Bei Dao auch keine Orientierungshilfe durch Satzzeichen etwa gibt: Kommata, Punkte etc. fehlen überwiegend.

Helfen da nicht die englischen Übertragungen, helfen da nicht kundige Chinesen, hilft da nicht der Dichter selbst? Selbstverständlich werden Übersetzungen in andere Sprachen, sofern vorhanden, konsultiert, doch entweder es hapert bei den Kollegen an der jeweiligen Muttersprache, oder die jeweiligen Auffassungen vom Original liegen weit auseinander. Und da Chinesen keine (modernen) Gedichte (mehr) lesen, kommen diese in Zeiten des Zweifelns auch nicht in Frage. Bleibt nur noch der Poet höchstpersönlich übrig. Doch der ist nicht sonderlich auskunftswillig, und ein Übersetzer hat das zu respektieren!

Bei Dao, 1949 in Peking geboren, heute mit amerikanischem Paß an der Chinese University of Hong Kong als Professor für kreatives Schreiben tätig, wird auch nach dreißig Jahren weiterhin als politischer Dichter aufgefaßt. Was er mit Rückgriff auf den spanischen Hermetismus eines Federico Garcia Lorca (1898–1936) und das Wundbewußtsein eines Paul Celan (1920–1970) entwirft, ist die allgemein gültige Situation des verfemten Dichters. Und so ließe sich auch das Vage der Gedichte erklären: Es geht nicht um den Dichter allein, es geht vielmehr um jeden Dichter in einer vergleichbaren Situation. Daraus mag sich ebenso die politische Sprache des Bei Dao herleiten, die auf wenige immer wiederkehrende Worte festgelegt ist: Orkan, Ozean, Signalhorn, Zorn etc.

Was Bei Dao zu verarbeiten hat und immer noch verarbeitet, ist neben der Kulturrevolution (1966–1976) das lange Leben im Exil. Auch wenn er immer wieder im Westen seit dem 4. Juni 1989 Hilfe und Aufnahme gefunden hat, weilt sein Herz selten dort, wo er sesshaft geworden ist. Davon sprechen die meisten Gedichte, die überwiegend von China handeln, recht eindeutig. Nicht die neue Heimat ist ihr Thema, sondern »ein verlorenes Reich« (*wangguo*).

Hat er denn nie heimreisen dürfen? Doch, aber nur für eine kurze Zeit und unter strengen Auflagen. Als sein Vater im Sterben lag, durfte er von ihm in Peking Abschied nehmen. Ihm war auch erlaubt, zwischen 2001 und 2004 Frau, Kind und Mutter wiederzusehen. Seine Wege wurden allerdings überwacht: Jede Woche hatte er Rapport zu erstatten. Doch seit dem Frühling 2005 ist ihm selbst diese kleine Freiheit genommen worden. Er hatte in Seoul, nach dem 4. Juni 1989 befragt, den Journalisten Auskunft gegeben, wohl wissend, daß die Niederschlagung der Demokratiebewegung in Peking ein Tabu ist und totgeschwiegen werden muß. Doch die eigentlichen Gründe mögen tiefer liegen. Bei Dao hatte sich bei seinem letzten Besuch in der Heimat nicht als IM anwerben lassen! Und so schien er es sich und den Seinen auf lange Sicht besonders schwergemacht zu haben. Der Arm der Staatssicherheit reichte nämlich bis Hongkong, das ihm, an die Chinese University berufen, ein Jahr lang das Aufenthaltsrecht und die Arbeitsgenehmigung verweigerte. Erst jüngst durfte er für ein Jahr auf Probe angestellt werden. Man wolle ihn nun beobachten.

Was macht diesen Dichter eigentlich so gefährlich? Die Antwort muß widersprüchlich ausfallen, denn Bei Dao darf zwar auf dem Festland nicht einreisen, aber sein Werk darf überwiegend verlegt werden, darunter selbst solche Texte, welche der Kenner eindeutig als politisch einstufen würde. Stellt also nur die Person und nicht das geschriebene Wort die eigentliche Gefahr dar? Wer den Dichter in den letzten Jahren bei seinen zahlreichen Lesungen in Deutschland erlebt hat, weiß, daß er sich politisch öffentlich nicht äußert, nicht etwa aus Angst, sondern weil der Gegenstand viel zu komplex ist, als daß dieser sich mit schwarz oder weiß charakterisieren ließe. Was vielen Chinesen fehlt, ist der Mut zur Zivilcourage. Das Gegenteil läßt sich von Bei Dao behaupten. Daher ist er zur Symbolfigur eines demokratischen China geworden. Und da er sich nicht kaufen läßt, kann niemand über ihn verfügen.

Wie andere Dichter ebenso litt und leidet Bei Dao seit dem Ende der neunziger Jahre an einer Schreibhemmung und hatte sich – auch um des Gelderwerbes willen – auf die Essayistik verlegt. Darüber ist er zwar zum schweigsamen Dichter, aber gleichzeitig zum besten Essayisten im chinesischen Sprachraum geworden. Anders als seine Gedichte behandelt seine Prosa eher Dinge, die sich in seiner neuen Heimat abspielen. Dabei ist ihm ein besonders feiner Humor zu eigen. Wie wir auch den wenigen, gut fünfzehn Gedichten der letzten Jahre entnehmen können, ist seine lyrische Sprache weiterhin hart, ja, unerbittlich geblieben. Titel und Text klaffen oft auseinander, wenn es überhaupt einen Titel gibt – beliebt ist die klassische Titelei *wuti* (Ohne besonderes Thema) –, das Paradoxe und Disparate sind eher verstärkt als gemildert. Als wenn er selbst mit diesem unfertig anmutenden Zustand unzufrieden wäre, hat er mir über die Jahre in die Manuskripte immer wieder in dem Sinne hineinkorrigiert, als er die meist von Zeitschriften bereits veröffentlichten Poeme weiterschrieb, d. h. umschrieb, so daß ich mich ebenfalls zu Umarbeitungen gezwungen sah, dabei aber manchmal die Orientierung verlor.

Natürlich läßt sich mit einem guten Dutzend neuer Gedichte kein ganzes Buch machen. Diese Tatsache zwang mich glücklicherweise, auf frühere Ausgaben zurückgreifen zu müssen, die eine Fülle niemals ins Deutsche übersetzter Titel parat hielten. Nimmt man also *Post Bellum* (2001), d. h. den zweiten deutschen Gedichtband von Bei Dao, mit zu dem *Buch der Niederlage* hinzu, so liegen die chinesischen Gedichtbände *Landschaft über Null* (1995) und *Etwas öffnet sich* (1999) nun zur Gänze auf deutsch vor.

Die hier neu vorgelegten Übersetzungen sind nur zu einem kleinen Teil über die Jahre schon an unterschiedlichen Orten erschienen. Sie wurden aber alle für die Publikation eigens überarbeitet. Wenn sie mitunter immer noch sperrig erscheinen mögen, so mag die werte Leserschaft bedenken, wer über heiße Kohlen geht, tut dies nur deswegen, weil er noch nicht fliegen kann. Der Dichter, der gern für sich und seinesgleichen Niederlagen in Anspruch nimmt, hat vielleicht noch nicht die Nöte seiner Übersetzer mitbedacht: Nicht zu scheitern ist für diese nahezu ausgeschlossen. Insofern gäbe es etwas, was beide Seiten unverbrüchlich miteinander verbünde.

Wolfgang Kubin, Bonn im Herbst 2008

Inhalt

Aus den Manuskripten (2002–2008)

Etwas öffnet sich (1999)

Alter Schnee (1992) – Am Horizont (1993)

1 2 3 4 5 13 12 11 10 09

ISBN 978-3-446-23283-9
© by Bei Dao
Alle Rechte der deutschen Ausgabe
© Carl Hanser Verlag München 2009
Einbandgestaltung und Fotografie:
Peter-Andreas Hassiepen
Satz im Verlag
Druck und Bindung: Kösel, Krugzell
Printed in Germany